कहकशाँ

डा० ज्ञान प्रकाश शर्मा

notionpress.com

INDIA • SINGAPORE • MALAYSIA

ISBN 979-8-89233-903-2

नज़रों से जो कुछ गुज़रा है
भावों में बह कर निकला है
अश्कों से उसे तराशा है
शब्दों में उसे पिरोया है

मेरी ग़ज़लें मेरे गीत...

समर्पण

ये मेरी प्रथम काव्य रचना मैं अपनी पूज्य माता श्रीमती बिंदु शर्मा जी और पूज्य पिता स्वर्गीय श्री यदुनंदन प्रसाद शर्मा जी को समर्पित करता हूँ, जिनके आशीर्वाद के बिना कुछ भी संभव नहीं था !

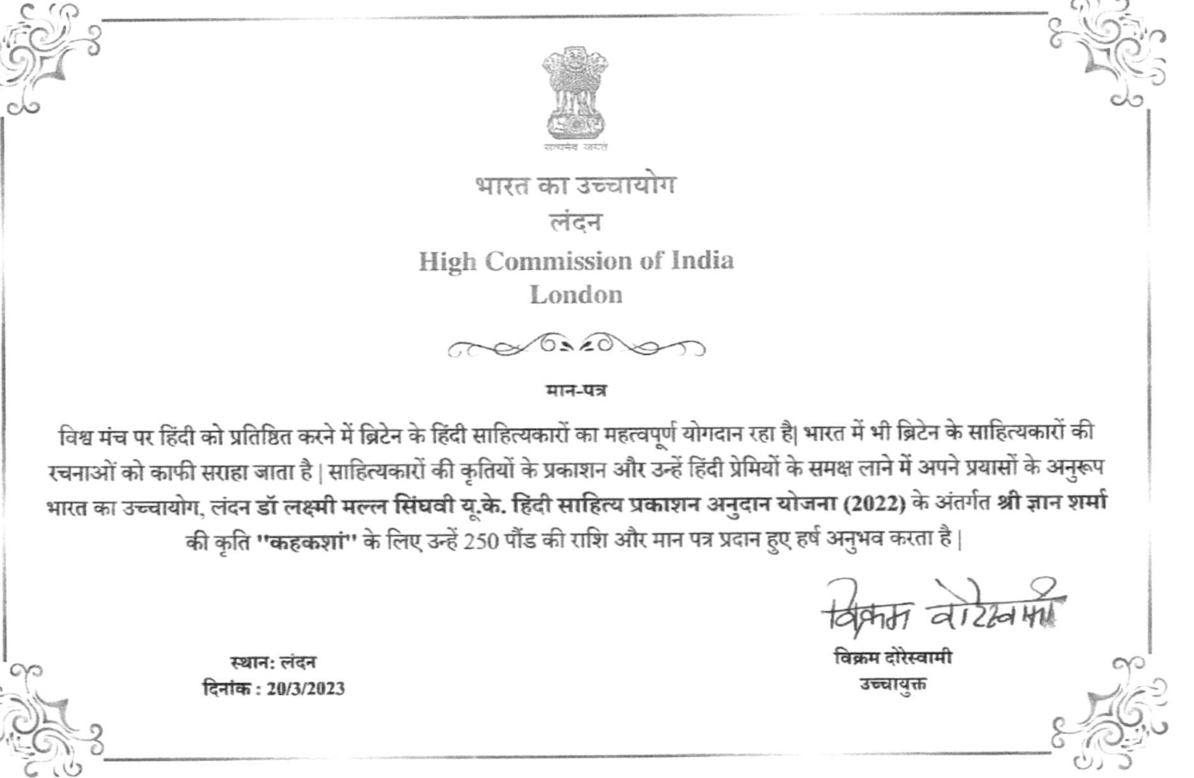

भारत का उच्चायोग

लंदन

High Commission of India

London

मान-पत्र

विश्व मंच पर हिंदी को प्रतिष्ठित करने में ब्रिटेन के हिंदी साहित्यकारों का महत्वपूर्ण योगदान रहा है| भारत में भी ब्रिटेन के साहित्यकारों की रचनाओं को काफी सराहा जाता है| साहित्यकारों की कृतियों के प्रकाशन और उन्हें हिंदी प्रेमियों के समक्ष लाने में अपने प्रयासों के अनुरूप भारत का उच्चायोग, लंदन डॉ लक्ष्मी मल्ल सिंघवी यू.के. **हिंदी साहित्य प्रकाशन अनुदान योजना (2022)** के अंतर्गत **श्री ज्ञान शर्मा** की कृति "कहकशां" के लिए उन्हें 250 पौंड की राशि और मान पत्र प्रदान हुए हर्ष अनुभव करता है|

विक्रम दोरैस्वामी
उच्चायुक्त

स्थान: लंदन
दिनांक : 20/3/2023

अभिमत

कवि श्री ज्ञान शर्मा की कुछ कविताओं को पढ़ा! ग़ज़ल समेत अनेक काव्य-मीटर में लिखी गयी कविताओं में ज्ञान शर्मा की अभियंता चेतना का प्रशंसनीय रूप देखने को मिला! युवा होती देह के प्रीति-गान से लेकर नवीन काव्य रचना "राम बनती वो शिला हूँ" में जनकपुर से श्री राम की आकृति में ढलने के लिए उत्सुक शिलाओं का शब्द चित्रण बहुत मार्मिक और नास्तिक कलाकारों को झकझोरने वाला है! अकेली यह कविता श्री ज्ञान की तरल चेतना का दर्पण है और सन्देश देने में समर्थ है कि जीवित प्राणी, विशेषकर मनुष्य का हृदय ही यौवन के गीत प्रीत-रस की फुहारें नहीं बिखेरता वरन श्री राम की धरती व सीता जैसी महान नारी की छाया में बसने वाली शिला भी राधा सी प्रीति का आलम्बन लेना चाहती है! श्री राम के रूप की प्यासी हो सकती है! सशक्त और सरस काव्य, कविता और चेतना से भरा उनका काव्य संग्रह हिंदी साहित्य का प्रिय अंश हो सकेगा !

शुभकामनाओं के साथ

प्रो (डा.) चंद्र भूषण पांडेय, वाराणसी

(रचयिता - शबरी रामायण)

शुभकामना—पत्र

मैने श्री ज्ञान शर्मा जी की किताब ''कहकशां'' को पढ़ा और मैने पाया कि यह किताब ग़ज़लों और कविताओं का एक अनूठा संगम है । मुझे यह किताब बहुत पसंद आई, और मै इसके लिए श्री ज्ञान शर्मा जी को हार्दिक बधाई व शुभकामनाएं देता हूँ ।

Sameer Anjaan
समीर अंजान
गीतकार, मुंबई

दिनांक : 14.10.2023

प्राक्कथन

साहित्य की दो विधाएं होती हैं- गद्य और पद्य। इनमें पद्य अर्थात काव्य विधा अधिक आकर्षक और लोकप्रिय होती है। काव्य प्रकाशकार मम्मट ने काव्य रचना के छह प्रयोजन बताए हैं। उनमें 'व्यवहार के ज्ञान' को भी एक प्रयोजन के रूप में रेखांकित किया है।

काव्यं यशसेऽर्थकृते व्यवहारविदे शिवेतरक्षतये।

यह 'व्यवहार का ज्ञान' ही मनुष्य को पशु से इतर रखकर उसे मनुष्य बनाता है। उसकी उदात्त भावनाओं का उत्कर्ष करता है तथा मानवीय संवेदनाओं का विस्तार करता है। इसी उद्देश्य की पूर्ति के लिए भारतीय चिंतनधारा के नैरंतर्य ने उसे अनेक प्रस्थान बिंदु प्रदान किए हैं। उसकी यह यात्रा धर्म, दर्शन, और अध्यात्म के विभिन्न सोपान पार करते हुए मानव जीवन के सार्थक पक्ष मूल्य चेतना या मानवीयता के स्तर तक पहुंची है। मनुष्य के संस्कार, उसका आचरण और उसका व्यवहार ही 'मूल्यों' का स्वरूप धारण कर उसे एक उत्कृष्ट स्वरूप प्रदान करता है।

कविता का सीधा संबंध पाठक या श्रोता से है। वे ही रचना के गुण दोषों का सही मूल्यांकन करते हैं। कविता कवि के स्वांतःसुखाय के साथ-साथ लोक रंजन भी करती है। वह सामाजिक मन का संस्कार कर लोक मंगल भी करती है। रामचरितमानस में गोस्वामी तुलसीदास ने लिखा है-

कीरती भनिति भूति भलि सोई

सुरसरि सम सब कर हित होई

किसी की कीर्ती हो, कविता हो या संपत्ति हो, वही अच्छी है जो गंगा जी के समान सबका कल्याण करती हो। लोक कल्याण की भावना कविता का प्रथम गुण है।

संवेदना कवि की पूंजी है। प्रत्येक व्यक्ति के चारों तरफ प्रति पल जाने कितनी घटनाएं घटती रहती हैं। जाने कितनी व्यथा-कथाएं, प्रेम कथाएं उच्छवासित होती रहती हैं। उन घटनाओं को कौन कितना महसूस करता है, इस पर सब निर्भर है। पत्थर दिल इंसान तो देख कर भी अनदेखा कर निकल जाते हैं। कुछ इतने संवेदनशील होते हैं कि उनकी हृदयतंत्री फड़फड़ाने लगती है। उनका रोम-रोम स्पंदित हो जाता है। ऐसे सचेत व्यक्ति ही कवि, लेखक या संत होते हैं। सारे जग की पीड़ा उनकी पीड़ा हो

जाती है और सारे जग का प्रेम उनका अपना प्रेम हो जाता है।

काव्य विद्या में भी गीत, कविता, छंद, गज़ल आदि अनेक विद्याएं हैं। इनमें गज़ल ने लोगों को अधिक आकर्षित किया है। आज गज़ल की दुनिया बहुत व्यापक हो गई है। वह आशिक-माशूक और इश्क मोहब्बत से निकाल कर नए कलेवर में आ गई है। इसमें बिगड़ती सामाजिक स्थितियों, टूटते पारिवारिक संबंध, राजनीतिक कुरूपताएं और रूढ़ परंपराओं से मोह-विच्छेद उच्च स्वर में परिभाषित होने लगा है। यद्यपि प्रेम तो सदा सनातन है ही।

श्री ज्ञान शर्मा की कृति- 'कहकशाँ- मेरी गजलें मेरे गीत' में इन्हीं सभी भावों का मिश्रण देखने को मिलता है। यद्यपि वे पेशे से एक आई॰टी॰ इंजीनियर हैं किंतु हृदय से बहुत संवेदनशील है और यही संवेदना जब उमड़ घुमड़ कर शब्दों में प्रकट होती है तो कविता बन जाती है। कविता घड़ी नहीं जाती बल्कि अंतस्तल से सहज ही झरने की तरह फूटती है। इसीलिए वह कहते हैं-

आँखों से जो कुछ गुजरा है, भावों में बहकर निकला है
शब्दों में उसे पिरोया है, दिल के जो है बड़े करीब
नहीं कही कोई दूर की बातें, नहीं कही परियों की बातें
तेरी मेरी बातें हैं सब, जीवन के हैं बड़े करीब

दिल पुरानी यादों से भरा रहता है। कुछ यादें जो वक्त के साथ-साथ धुंधली पड़ जाती हैं। किंतु कुछ यादें बहुत गहरी गड़ जाती हैं और जीवन भर साथ चलती हैं। इतना ही नहीं, हम चाहते भी नहीं कि वह भुला दी जाएं। क्योंकि वह दिल को बहुत सुकून देती हैं-

किसी रोज आकर यूँ बरस, मेरे दिल के इस मकान में
तेरी यादों की हो बारिश, तो कुछ रौनकें हो मकान में

यादों के आगोश में सारी रात जाग कर गुजरती है किंतु वह थकावट नहीं बल्कि जीवन में एक ऊर्जा भरती है। मन करता है कि ऐसा जागरण सारी उम्र होता रहे। एक झलक देखिए-

आज फिर रात आँखों में गुज़ारी हमने
फिर तेरे साथ एक उम्र गुज़ारी हमने

आनंद का एक क्षण भी पूरी उम्र के बराबर हो जाता है लगता है यही सबसे बड़ी दौलत है-

दौलतें लूट न लें हमसे ज़माने वाले
कैसे आंसू के खजाने को छुपाया जाए

कवि अपना देश भारत छोड़कर लंदन में बस गया है। वह लंदन जो दुनिया का केंद्र बिंदु सा हो गया है। समृद्‌धि में, शक्ति में, राजनीति में। पूरे देश में फैली उसकी चकाचौंध संसार को आकर्षित करती है। अधिकांश लोगों की लालसा रहती है कि चाहे लंदन में बसे नहीं किंतु एक बार देख तो आएँ। कभी इसी लालसा को लिए और अच्छे जीवन यापन के लिए ही कवि यहाँ आ बसा। किंतु यहाँ के सिस्टम में रच-पच नहीं सका। उसे अपने संस्कार खींचते रहे। धन और मान सम्मान तो मिला किंतु हृदय खाली रह गया-

सरस्वती जी की बड़ी कृपा है, और लक्ष्मी की भी कमी नहीं
हृदय में सागर उमड़ रहे हैं, पर खालीपन की लहरों के
देहरी के इस पार जो पहुंचा, चकाचौंध की दुनिया में
कहने को तो सभी हैं अपने, पर गायब है ममता के सागर

यू०के० के मौसम पर कटाक्ष करते हुए वह कहते हैं-

सूर्य देव हैं रुष्ट यहाँ पर, और इंद्रदेव भी कुपित हैं लगते
हरी-भरी है धरा यहाँ, पर गौरैया और धेनु किधर हैं

पूरे यू०के० में सूर्य देव के दर्शन कभी-कभी होते हैं। आकाश सदैव बादलों से घिरा रहता है। प्रायः धीमी-धीमी बरसात होती रहती है। बहुत तेज ठंडी हवाएँ चलती रहती हैं। मौसम का मिजाज़ देखकर ही लोग घर से निकलते हैं। सर्दियों में खूब बर्फ पड़ती है। घरों की छतें और सड़कें बर्फ से पटी रहती हैं। पूरा देश जैसे जेल में बंद हो जाता है। तब अपने देश की बहुत याद आती है। अपनी जड़ों से जुड़ने की तड़प उठती है। फिर माँ की याद आती है -

बूढ़े से घर में हमारी है माँ जो
है अंतिम निशानी हमारी जड़ों की

बात पुरानी तब की है, जब फंदे उल्टे सीधे लगते थे
और मां के बने वह स्वेटर भी, जब इंद्रधनुष से लगते थे

इतना ही नहीं, वह स्वर्गीय पिता को भी याद करते हुए महसूस करते हैं कि पिताजी कहीं गए नहीं है बल्कि किसी न किसी रूप में भी आज भी हमारे घर में मौजूद हैं -

मैं हूँ कागा तेरी छत का, कल सुबह फिर आऊंगा
हो सके तो देख लेना, पल में मैं उड़ जाऊंगा

इससे स्पष्ट है कि कवि के मन में अपने परिवार, अपने देश और अपने संस्कारों से जुड़े रहने की टीस है और होनी भी चाहिए।

कवि ने राजनीति की विद्रूपताओं पर भी 'गठबंधन की होली' शीर्षक से एक कविता लिखी है। यह कविता व्यंगात्मक शैली में राजनेताओं की पोल खोल कर रख देती है।

विद्रूपताएं राजनीतिक हो, सामाजिक हो, सांस्कृतिक हो या कुछ और, कवि आशावादी है और कहता है कि एक दिन आएगा जब सब आपदाओं का अंधेरा छटेगा और खुशियों का प्रकाश फैलेगा-

फिर छटेंगा ये तिमिर, आदित्य का अवलोक होगा
आ पड़ी है जो आपदा, कल उनका भी अवसान होगा

हमारी शुभकामनाएँ कवि के साथ हैं। उनका यह सपना अवश्य पूरा होगा। इनकी रचनाओं में सहज प्रवाह है। कहीं कोई वैचारिक या सैद्धांतिक आरोपण दिखाई नहीं देता।

श्री ज्ञान शर्मा की रचनाएं निरंतर मानवीय संवेदना से परिपुष्ट होती रहे, और पाठक-गण इनका रसास्वादन करते

रहें, इसी कामना के साथ यह काव्य-संग्रह आपके हाथों में समर्पित है।

आचार्य हरी भारद्वाज

साहित्यकार

अध्यक्ष : कला अकादमी, दिल्ली

आत्मकथ्य

'कहकशाँ' मेरा पहला काव्य संग्रह हैं जो आप सब के हाथों में सौंप रहा हूँ! वस्तुतः मैं कवि नहीं हूँ, मैं एक कंप्यूटर इंजीनियर और आई टी सलाहकार हूँ! इसके अलावा मुझे ज्योतिष विज्ञान से भी बहुत लगाव है और मेरा अधिकतर खाली समय ज्योतिष पढ़ने, पढ़ाने में ही जाता है! पर आज हम कविता की ही बात करेंगे! मेरा जन्म भारत के कानपुर शहर में हुआ था! इंटरमीडिएट तक सारी पढ़ाई शुद्ध हिंदी माध्यम से पंडित दीन दयाल विद्यालय में हुई! जिसने मेरी हिंदी की मजबूत नींव रखी! हमारे घर में सभी लोगों को भारतीय संगीत और विशेषकर उर्दू ग़ज़लों का बहुत शौक था! हमारा बचपन बेगम अख्तर, गुलाम अली और मेहँदी हसन की ग़ज़लें सुनकर के बीता था, जिससे मेरी उर्दू में भी बढ़िया पकड़ हो गयी! उर्दू ग़ज़लों की किताब पढ़ना और शब्दों का मतलब समझना मुझे हमेशा से पसंद रहा है! भगवान के आशीर्वाद से हमारे घर में सभी को गाने का शौक था, मेरे पिता जी से लेकर मेरे बड़े भाई सभी को! जिसके कारण हम भी बचपन से ग़ज़लें और हरी ॐ शरण जी के भजन गाने लगे! माँ हिंदी की अध्यापिका थीं तो हिंदी, उर्दू और संगीत का एक मिला-जुला माहौल हमें घर से ही मिला!

कंप्यूटर में इंजीनियरिंग की पढ़ाई कर के मैं अमेरिका चला गया पर संगीत और गाने का शौक बरक़रार रहा!

२००५ से मैं अपने परिवार के साथ इंग्लैंड में रह रहा हूँ! ग़ज़लें गाता रहा, और कुछ ग़ज़लें रिकॉर्ड भी हुईं, परन्तु बढ़िया ग़ज़ल ढूंढना मुझे बहुत कठिन काम लगता था! ग़ज़ल के अर्थ गहरे होने के साथ-साथ श्रोताओं के लिए उसे समझना भी सरल होना चाहिए! इसी उलझन से निकलने के लिए मैंने सोचा की मैं क्यों न खुद ग़ज़ल लिखना शुरू करूँ! एक दो ग़ज़लें लिखी और गायक अनूप जलोटा जी और तलत अज़ीज़ जी की भेजी तो उन्होंने कुछ गलतियाँ सही करवायी, और मुझे बताया कि ग़ज़ल की बैलेंसिंग कैसे होती है! शायद कविता और ग़ज़ल लिखने की कला मेरे अंदर थी पर इसका अहसास देर से हुआ! बस उसके बाद ग़ज़ल लिखने का सिलसिला शुरू हो गया! किसी भी ग़ज़ल की शुरुआत मेरे लिए एक नयी धुन से होती है! मेरे मन में जैसे ही कोई नयी धुन आती है, बस उसमें मैं अपनी भावनाओं के अनुसार शब्दों को पिरो देता हूँ! इससे मेरे लिए ग़ज़ल लिखना बहुत आसान हो जाता हैं! मेरी लिखी, कंपोज़ की हुई और गायी ग़ज़ल "रेतों के घर" मुंबई में रिकॉर्ड हुई थी और साल २०२० की टॉप ग़ज़लों में शामिल हुई थी! मेरी लिखी और कंपोज़ की हुई ग़ज़ल "सजा-ए-मोहब्बत" गायक मोहम्मद वकील की आवाज़ में २०२० में रिलीज़ हुई और काफी सफल रही.

कविता के लिए मूल रूप से स्वयं की जिंदगी या समाज से जुड़ा कोई सन्दर्भ, एक बीज का काम करता है, और कविता स्वयं ही कागज़ पर उतर जाती है! मेरी अधिकतर कविताएं और ग़ज़ल पद्य में ही हैं जिनको मैंने स्वयं गा कर ही सृजित किया है! मेरे ख्याल से कविता और ग़ज़ल लिखने के लिए सुर, ताल का ज्ञान और हिंदी, उर्दू में पकड़ के साथ-साथ एक बहुत ही संवेदनशील हृदय का होना बहुत जरूरी है! हमेशा दिल से बहुत महसूस करके लिखता हूँ! ऐसी ही एक कविता "राम बनती वो शिला हूँ" जिधर मैंने एक शिला के मन की बात महसूस करके उसे कविता में व्यक्त किया है! कविता या ग़ज़ल लिखते समय अकसर अश्रु धारा का बहना मेरे लिए आम बात है! भारत से और अपने परिवारजनों से बिछड़ने का ग़म नश्तर बनकर दिल में हमेशा चुभता रहता है, और उसकी याद करके अश्रु सहज ही प्रवाहित होने लगते हैं! कविता "देहरी" और 'हम विदेशी हो गए" मेरी इसी पीड़ा को दर्शाती हैं.

मेरी अधिकतर कविताएं मेरी खुद की जिंदगी से जुड़ी हैं जिससे आप भी सहज ही जुड़ सकते हैं! जैसे मेरे भारत के घर को याद करती कविता 'घरों की कहानी' है, जिधर "बूढ़े से घर में हमारी है मां जो, है अंतिम निशानी हमारी

जड़ों की..." एक यथार्थ को और मेरे अंतर्मन की पीड़ा को व्यक्त करती है! माँ को याद करती कविता "माँ के बने वो स्वेटर" या "वो माँ का ही तो रूप है" माँ से मेरे जुड़ाव की अभिव्यक्ति है! मेरे स्वर्गीय पिता जी को याद करती कविता "कहते हैं मौत जिसको इधर, होगी जिंदगी कहीं" या "मैं हूँ कागा तेरी छत का" है! पिंजड़े में बंद एक पंछी का दर्द कहती कविता "एक परिंदा उड़ न सका था" या करोना की त्रासदी पर लिखी कविता "बेदम सा हो रहा हूँ मैं" करोना की पीड़ा को व्यक्त करती है! मेरी कविता "शब्दों से करते हैं घायल" नारियों पर प्रतिदिन होते अत्याचारों की अभिव्यक्ति है !

आशा है आप भी इन सभी कविताओं और ग़ज़लों से सहज ही जुड़ जाएंगे! काव्य की कसौटी पर मेरी कविताएं और ग़ज़लें खरी न उतरें तो उनको मन की कसौटी पर परखकर देखिएगा! शायद कुछ बात बने !

डा० ज्ञान प्रकाश शर्मा
लंदन, यूनाइटेड किंगडम
Gyan_Sharma@hotmail.com; @KaviGyanUK

अनुक्रम

अयोध्या 20 KM
ॐ
सीता राम
ॐ
सीता राम
अयोध्या
20 KM

मैं राम बनती वो शिला हूँ

जानकी की गण्डकी में मैं उपेक्षित एक शिला थी
फिर अहिल्या बन गयी मैं राम बनती वो शिला हूँ

युग युगांतर से थी व्याकुल राम के दर्शन को मैं
राम के आशीष से अब खुद राम बनती वो शिला हूँ

जा रही हूँ उस ही पथ से राम गुजरे थे जिधर से
जानकी भी संग है मेरे मैं राम बनती वो शिला हूँ

बच्चे बूढ़े नारियाँ मुझे देखने को हैं यूँ व्याकुल
भाग्य पर अपने मचलती मैं राम बनती वो शिला हूँ

ज़िंदगी चिंता नहीं और मृत्यु का अब भय नहीं
मैं अमर अब हो गयी क्योंकि राम बनती वो शिला हूँ

पीढ़ियाँ पूजेंगीं मुझको जन्म जन्मांतर भी अब
जो गण्डकी सरयू से जोड़े मैं राम बनती वो शिला हूँ

चिर-चिरंतर है सनातन ये मिट नहीं सकता कभी
मुझ शिला को भी पूजते क्योंकि राम बनती वो शिला हूँ

रेतों के घर

करके यक़ीन प्यार पे, फिर रोया दिल नादान
रेतों के घर बनाता है, क्यूँ मेरा दिल नादान

कासिद जो गुज़रा घर से, हुई तेज धड़कनें
सेहरा में फूल ढूँढ़ता, फिर मेरा दिल नादान

धोखा हुआ मज़ार पे, आए हैं वो मेरी
वादों से छलनी फिर हुआ, ये मेरा दिल नादान

दिल कह रहा है फिर करूँ, तेरे प्यार पे यकीन
हँस के सहेगा चोट नयी, फिर मेरा दिल नादान

माँ के बने वो स्वेटर

बात पुरानी तब की है, जब फंदे उल्टे-सीधे लगते थे
और माँ के बने वो स्वेटर भी,जब इन्द्रधनुष से लगते थे

सर्दी की उन सुबहों में, और मीठी से उन धूपों में
ऊन का गोला और दो छडियाँ, जादू सा कुछ लगते थे

बड़े गर्व से रोज़ था नापता, माँ के हाथों से वो स्वेटर
उल्टे फंदे, सीधे फंदे, बड़े अजूबे लगते थे

चाची मामी सभी पूछतीं, कितने उल्टे कितने सीधे
माँ फिर सबको जो समझाती,वो गणित अजूबा लगती थी

माँ के हाथ बना वो स्वेटर, वर्षों-वर्षों चलता था
बड़े भाई ने जो था पहना, उसी में अब हम खिलते थे

बना मशीनी हर स्वेटर अब, माँ के स्वेटर हुए नदारत
ममता और स्नेह था जिनमें, जो माँ के हाथ से बनते थे

मत पूछो क्या खोया तुमने, करके मशीनी माँ के स्वेटर
काली भूरी हुई ये दुनिया, जो इन्द्र धनुष सी लगती थी

कहते हैं मौत जिसको इधर

कहते हैं   मौत जिसको इधर, होगी जिंदगी कहीं
सूरज जो ढल रहा है इधर, निकलता है फिर कहीं

करके यकीं खुदा पे, मुझे दबाना मज़ार में
बोया है फिर मुझे जो इधर, निकलूँगा कल कहीं

मातम है कैसा मौत पे, क्या जानते नहीं
पलकें जो बंद की है इधर, खोलूँगा फिर कहीं

होगा तेरी फतह में फिर, तेरे पिता का हाथ
जिंदा है तुझमें तेरा पिता, वो मरता है क्या कहीं

मैं आँख की दो बूँद हूँ

अर्थ हो जाता अलग सन्दर्भ जब कुछ और हो
तुमने पहचाना सही मैं आँख की दो बूँद हूँ

माँ   की   आँखों से जो छलके पुत्र जब सेवा करे
बन गयी आशीष फिर तो मैं आँख की दो बूँद हूँ

नन्ही बिटिया जब है चलती पाँव पर अपने प्रथम
बहते जो ममता के सागर वो आँख की दो बूँद हूँ

बेटियों की डोलियाँ जब उठती हैं घर से कभी
दुःख के जो सागर बरसते वो आँख की दो बूँद हूँ

पुत्र अनदेखी करे   फिर माँ कि आँखों से बहे
ज़लज़ला आता है जिससे मैं आँख की दो बूँद हूँ

घरों की कहानी

सुनी   होगी तुमने इंसां की कहानी, सुनाता हूँ तुमको घरों की कहानी
बचपन   जवानी बुढ़ापे में इंसान, ऐसी ही   होती है घरों की कहानी

बच्चा   जो मैं था तो घर भी था बच्चा, बच्चे जो खेलें तो हँसता था आँगन
बढ़ते थे बच्चे   और बनते थे कमरे, घर भी मेरे संग बड़ा हो रहा था

उधर   नानी के घर जवानी के मेले, हसरत थी मेरी मेर घर हो ऐसा
भरा था वो दिन रात लोगों से ऐसे, शादी के घर मे आए हों जैसे

बच्चे   जो   हम थे तो नादां बड़े थे, जल्दी पड़ी थी जवानी की हमको
घरों पर हमारी नज़र ही   कहाँ थी, बचपन जो खोया तो आँगन भी खोया

बच्चा जो घर था हुआ अब जवान वो, नानी   का घर था हुआ अब वो बूढ़ा
हमारे   घरो में   अब लगते थे मेले, नानी के घर में पड़ा था वीराना

समय के जो पहिये हमने लगाए, घरों   ने भी वैसे ही पहिये लगाए
चिड़िया   के बच्चों ने   छोड़े घरौंदे, बनाया नया आशियाना निराला

बालो में   मेरे जो   आई सफेदी, समय पंख लेकर उड़े जा रहा था
हमारा   घर भी हुआ अब यूँ बूढ़ा, कमरे है ज़्यादा तो इंसां हैं थोड़े

बूढ़े से घर में हमारी है मां जो, है अंतिम निशानी हमारी जड़ों की
जड़ों से जो टूटा घरों से भी छूटा, घरों से जो छूटा शहर से भी छूटा

साँसों से जुड़ता 'ज्ञान' घर का भी जीवन,   साँसे हैं जिंदा तो घर भी है जिंदा
टूटेंगी   साँसे तो टूटेगा घर भी,   ऐसे भी सांसो से जुड़ते हैं घर क्यूँ

देहरी

उस रोज़ जो घर से था निकला, उस रोज़ जो देहरी पार करी
किंचित भी देह को भान न था, वो देहरी कितनी चौड़ी है

हम   सुनते थे   देहरी केवल, एक काठ से बनती है
आज देखकर   हुआ अचम्भित, एक देहरी के दो-दो रूप

देहरी   के उस पार जो   था, अपनी देहरी अपने लोग
भरी   दुपहरी   भी   शीतल थी, पंछी   अपने लगते थे

माँ की   ममता   छलक रही थी, हर बूढ़े से चेहरे पर
पिता का साया दिखा सभी में, अपना क्या बेगाना क्या

देहरी के इस पार जो पहुंचा, चकाचौंध की दुनिया में
कहने को तो सभी हैं अपने,पर गायब हैं ममता के सागर

सरस्वती जी की बड़ी कृपा है,औरलक्ष्मी की भी कमी नहीं
पर हृदय में सागर उमड़ रहे हैं, खालीपन की लहरों के

सूर्य देव हैं रुष्ट यहाँ पर, और इंद्र देव भी कुपित हैं लगते
हरी   भरी है धरा यहाँ, पर गौरैया और धेनु किधर हैं

हृदय के गागर भरे हुए हैं, उस देहरी   की यादों से
अश्रु हमारे रोज़ ही भरते, इस खालीपन के गागर को

हे   ईश्वर विनती है मेरी, या तो देहरी पार न हो
पार   करी तो देहरी के, ऐसे दो दो रूप न हो

स्वर्ग से सुन्दर कश्मीर

खुशियों के परचम लहराए, आज़ादी की हवा चली है
कश्मीर भी बढ़ेगा संग-संग, खुशहाली की हवा चली है

बेटी को अब है अधिकार, पिता का साया कभी न छूटे
पुरुषवाद की इस दुनिया में, नारीवाद की हवा चली है

बेटे की ख्वाहिश है ये, अब घर का सहारा वो भी बने
कश्मीर में बढ़े रोज़गार अब, युवा शक्ति की हवा चली है

जिसने आतंकवाद के जहर में घोला, कश्मीर के रोम-रोम को
उनको पहचाने और अलग करें अब, उम्मीदों की हवा चली है

हम भी रहें और तुम भी रहो, सारा भारतवर्ष तुम्हारा है
जब भी चाहो जहाँ भी जाओ, कश्मीरियत की हवा चली है

मेरा भी अधिकार है तुम पर, घूमेंगे और काम करेंगे
कश्मीर की खुली फ़िज़ा में, अब रोज़गार की हवा चली है

श्यामा जी का कृतज्ञ बना, हर "ज्ञान" यहाँ हर गलियों में
स्वर्ग से सुन्दर कश्मीर में, अब अपनेपन की हवा चली है

सज़ा-ए-मोहब्बत

दिल मे वो आके चले गये, तो आने की उनको दो सज़ा
सपने सज़ाए दिल ने जो , तो लुटने की दिल को दो सज़ा

हिचकी जो दिल ले हज़ार बार, आँखे ना मूंदे रात-रात
हसरत जो उनके प्यार की, टूटी तो दिल को दो सज़ा

चाँदनी रातें हुईं स्याह, शबनम हो गयी अश्क की धार
वादा जो तेरी वफ़ा का था, टूटा तो दिल को दो सज़ा

दिल जो धड़कता है बार-बार, रुकना ना जाने एक बार
उनसे बिछड़ कर भी चलता है जो, दिल को धड़कने की दो सज़ा

हिज्र की बारिश में नहाया जाए

आज फिर हिज़्र की बारिश में नहाया जाए
भर चुके ज़ख़्म उन्हें फिर से उभारा जाये

रोज़ मिलती हैं बिछड़ जाती हैं यादें तेरी
कैसे शबनम की ये दौलत को बचाया जाये

दौलतें लूट न ले हमसे ज़माने वाले
कैसे आँसू के खजानों को छिपाया जाए

जब भी मिलते हैं, नज़र फेर के गुज़र जाते हैं
कैसे इन आँधियों में चिरागों को जलाया जाये

मैं हूँ कागा तेरी छत का

मैं हूँ कागा तेरी छत का, कल सुबह फिर आऊँगा
हो सके तो देख लेना, पल में मैं उड़ जाऊँगा

खुश हैं क्या वंशज हमारे, देखने फिर आऊँगा
तुम उड़ा सकते हो फिर भी, आशीष देकर जाऊँगा

क्या अभी भी लोग मेरे, याद करते हैं मुझे
दिल में बैचेनी है मेरे, देखने तो आऊँगा

मिल के रहना है सभी को, उम्र भर कहता रहा
बात मेरी याद है क्या, पूछने तो आऊँगा

बन के अच्छे, मन के सच्चे, परहित ही तेरा धर्म हो
'ज्ञान' की बातों को फिर से, कल बताने आऊँगा

चाँदनी में सुलगते देखा

आज फिर चाँद को चाँदनी में सुलगते देखा
वो समंदर था उसे बूँद को तरसते देखा

वो भी क्या दिन थे कि बारिश भी मज़ा देती थी
आज बारिश को बस अश्क छुपाते देखा

दिल के हर राज़ जो नज़रों से बता देते थे
आज उस शख़्स को नज़रों को बचाते देखा

वो जो खाते थे ये कसमें न जुदा होंगे कभी
आज फिर वक़्त की बारिश में बदलते देखा

आज़ादी

एक परिंदा उड़ न सका था

एक परिंदा उड़ न सका था आज़ादी के बाद भी क्यों
शूल धंसा था उसके दिल में प्यार की ऐसी कीमत क्यों

कहने को था आँख का तारा फिर तारे को कैद किया क्यों
बोल नहीं सकता था मैं तो उसकी इतनी कीमत क्यों

रोज़ शाम को यही देखता कि पंछी जाते अपने घर
मेरे उनके बीच में पिंजड़ा मेरी ऐसी किस्मत क्यों

पंछी कभी जो आंगन आते मुझको देख के वो घबराते
कौन सा इसने पाप किया और इतनी भारी कीमत क्यों

आज़ादी के परचम लेकर हमने बहुत कहा आज़ादी पर
घर मैं पंछी कैद था फिर भी देख न पाए आँसू क्यों

ये ख़्वाब उड़ा जाता है

उनकी यादों की आहट से दिल गुलज़ार हुआ जाता है
आँधियों कुछ तो रुको ये ख़्वाब उड़ा जाता है

भीग न जाये ये यादों की बारिश फिर से
कौन उन्हें पलकों में चुपचाप पिये जाता है

सुरमई शाम में कुछ यादें चली आई हैं
हैं तो मेहमान पर रुखसत न किया जाता है

हँस के कटती थी हिज़्र की रातें अब तक
कौन ख्वाबों में आया कि ख़लल पड़ा जाता है

हिंदी मेरी भाषा, हिंदी मेरा अभिमान
हिंदी
भाभी मामी
हिंदी हमारी मातृभाषा है,
मात्र एक भाषा नहीं।।

कहना उस हिंदी में है

हिंदी में ही भाव हैं उमड़े, तो कहना हमको हिंदी में है
मन के सच्चे भाव जो कह दें, कहना उस हिंदी में है

मातृभूमि से जोड़े बंधन, दिल का भी, रिश्तों का भी
भाषा जो हम सब को जोड़े, कहना उस हिंदी में है

हिंदी केवल नहीं है भाषा, ये जननी है भाषाओं की
गर्व हुआ जब मैंने जाना, कहना उस हिंदी में है

है समृद्ध बहुत ही हिंदी, जो हर रिश्ते को नाम दे
रिश्तों की ममता झलकाये, कहना उस हिंदी में है

"ज्ञान" कठिन था भरना गागर, भावों का छोटा सा सागर
बात सरल हुई जब ये जाना, कहना उस हिंदी में है

रात आँखों में गुज़ारी हमने

आज फिर रात आँखों में गुज़ारी हमने
फिर तेरे साथ एक उम्र गुज़ारी हमने

था तो सपना ही मगर आँख खुली रखी हमने
फिर तेरे इंतज़ार में एक रात गुज़ारी हमने

रुसवाई की दौलत कुछ और कमा ली हमने
फिर तेरे शहर में एक रात गुज़ारी हमने

जो क़ुबूल न हो वो दुआ माँगी हमने
तुझे पाने के इंतज़ार में इक उम्र गुज़ारी हमने

HOSPITAL
COVID
MEDICINE
Party
SCHOOL

फिर छटेगा ये तिमिर

फिर छटेगा ये तिमिर, आदित्य का अवलोक होगा
आ पड़ी हैं जो आपदा, कल उनका भी अवसान होगा

है कठिन संग्राम फिर भी, हम हौसलों को न छोड़ेंगे
मिल के हम चलते रहे, तो नयी सृष्टि का आरम्भ होगा

खूबसूरत है धरा, हर प्राण में ईश्वर बसे
हो दया हर जीव पर, तो विश्व का कल्याण होगा

कोई भी छोटा न जग में, हर काम का सम्मान हो
कर सके जो काम इतना, मानवता पर उपकार होगा

विश्व हो परिवार अपना, मानवता ही अपना धर्म हो
"ज्ञान" तुम बांटो ये सब में, वसुधैव फिर कुटुंब होगा

बंद हूँ मैं हवाओं में

आज फिर लौटा हूँ घर पर, दौलतें फिर से कमा के
पास पहुंचा मंज़िलों के, उम्र थोड़ी फिर गंवा कर

खोद कर लौटा हूँ फिर से, एक मुट्ठी खाक की
वक़्तेदफ़्न के इंतज़ामों में, और दोस्तों में बांट कर

ख्वाहिशों का अक्स फिर से, मुझसे भी आगे चला
दिल चढ़ेगा फिर बढ़ूंगा, ख्वाहिशों को मार कर

बंद हूँ मैं हवाओं में, और घुट रहा है दम मेरा
सीखना है जीना मुझको, कैद-ए-हवा को छोड़ कर

अखंड रामायण पाठ
Vote For
VOTE For

जिस राम ने जीवन दिया

क्यों झुके न सर तुम्हारे, क्यों रुके न कर तुम्हारे
उस राम को ही नकारते, जिस राम ने जीवन दिया

रामचरितमानस जलाकर, राम को नीचा दिखाकर
उस राम को ही भुला दिया, जिस राम ने जीवन दिया

पुत्र हो इक राम जैसा, माँ ने माँगा था राम से
मातृ द्रोही तू राम भूला, जिस राम ने जीवन दिया

रामचरितमानस की गंगा जिस पिता ने बहाई घर में
पितृ द्रोही तू राम भूला , जिस राम ने जीवन दिया

पाठ सुन्दर कांड का, हर जन्मदिन सुनते थे तुम
राम द्रोही तू राम भूला , जिस राम ने जीवन दिया

यादों की बारिश

किसी रोज़ आ के यूं बरस, मेरे दिल के इस मकान में
तेरी यादों की हो बारिश, तो कुछ रौनकें हो मकान में

कभी प्यार से सदा भी दो, कभी ख्वाब में भी आओ यूँ
उम्मीद-ए-शमा जली रहे, तो कुछ रोशनी हो मकान में

हम भी अब निकलते हैं, चलो तुम भी घर से निकल पड़ो
बस यादें हो मकान में, तो कुछ बात हो मकान में

है दिल तो खाली बहुत मेरा, तेरी यादों से भरा है ये
एक रोज़ आ के नवाज़ दें, तो एक घर बने मकान में

COVID WARD

दें निमंत्रण प्यार से

दें निमंत्रण प्यार से, नए दशक के नए काल को
सर झुका कर हम विदा दें, महाकाल के गए काल को

है सजल अब भी नयन, गए काल की विपदाओं से
हे प्रभु अब दूर रखना, इस त्रास से हर प्राण को

कुछ किये थे पाप सबने, कर्म का फल सबको मिला
जो बचे हों मुक्त कर दो, हर पाप से हर प्राण को

हो ख़ुशी हर जीव में, नए वर्ष में न अवरोध हों
है ये विनती नए दशक में, प्रभु माफ़ कर दो हर प्राण को

मैं तेरा प्यार हूँ

मैं तेरा प्यार हूँ   पलकों से छलक जाऊँगा
आज एक बूँद हूँ दरिया में बदल जाऊँगा

दिल मेरा ले के मुझे याद न करने वाले
तेरी यादें मेरी धड़कन हैं, सम्हल जाऊँगा

ए सनम फ़िक्र न कर होगी न रुसवाई तेरी
साँसे अटकी हैं पराहन में गुज़र जाऊँगा

ये मुहब्बत की है खुशबू फ़िज़ा में फ़ैली
हो ज़माने को खबर पहले ही निकल जाऊँगा

"ज्ञान" की बात बताते हैं, ज़माने में सभी
प्यार में जीत है   जब हार नहीं हो उनकी

हम विदेशी हो गए

हम   विदेशी   हो   गए, और दूर हैं अपने मेरे
एक प्यारा   सा है भारत, जो   मन में बसता है मेरे

मंदिरों   की   घंटियाँ   हों, या मस्जिदों की अज़ान हो
हर   सुबह   ही   खोजता है,   आज   भी ये मन मेरा

घूम कर देखी है दुनिया, और नाप कर देखें हैं इन्सां
कोई   भी   पाया   न हमने, बढ़   के   भारत   से मेरे

हम   शरीरों   से   इधर   हैं, पर धड़कनें भारत में हैं
मातृभूमि   पर   निछावर,   हैं   रोयां   रोयां   ये   मेरा

ARMS
Factory
Ltd

बेदम सा हो रहा हूँ मैं

कोई पास से जो गुज़रे, सांसो को रोक लेता हूँ मैं
इन इमारतों के शहरों में, बेदम सा हो रहा हूँ मैं

सीखा था प्यार से ही मिलना, और फिर गले लगा लेना
शहरों के नए मिज़ाजों से, अनजाना हो गया हूँ मैं

गुलज़ार तो गुलशन यूं ही है, पंछी भी चहकते हैं अब भी
कुदरत के इन हुस्नों से भी, बेगाना हो गया हूँ मैं

बम और मिसाइल बनते थे, हर रोज़ यहाँ इन शहरों में
जंगो की इन तैयारी से, हैरान हो गया हूँ मैं

पंछी मारे पशु जन मारे, है खोया "ज्ञान" यूं कुदरत का
कायनात मिटाने की जल्दी में, गुमनाम हो गया हूँ मैं

दिल में दस्तक हुई

दिल में दस्तक हुई मगर कोई आया ही नहीं
आग जो दिल में लगी थी उसे बुझाया ही नहीं

देते हैं चोट जहाँ फिर से हो सम्हलना मुश्किल
कब करेंगे चोट फिर मेरे अपनों ने बताया ही नहीं

लौटा हूँ मिल के खुशियों से सारे जहान की
पूछा मेरे दिल का जो रास्ता मैंने बताया ही नहीं

उसने पूछा क्या मुहब्बत है मुझे भी उनसे
कौन मेरे दिल में धड़कता हैं बताया ही नहीं

"ज्ञान" को आये हुए इक ज़माना हो गया
भेजा तो रब ने है पर उम्र कितनी बताया ही नहीं

यादों के घोड़े

कितना भी समझाता हूँ, फिर भी दौड़े जाते हैं
यादों के घोड़ों का क्या हैं, हर पल भागे जाते हैं

इक माता से जन्म लिया, और इक बच्चे को जन्म दिया
पीढ़ी का भी फर्क न जानें, सरपट मुड़ते जाते हैं

एक पल नानी का घर सुन्दर, एक पल शहर के जंगल हैं
यादों की रफ्तार अनोखी, कभी पकड़ न आते हैं

खट्टी यादें, मीठी यादें, यादों का है बना पहाड़
जो भूले खट्टी यादों को, वही सुखी हो पाते हैं

धड़कने खुद की सुनी हैं

हो गए अब हम भी वाकिफ इश्क़ के हर राज़ से
धड़कनें खुद की सुनी हैं जब आप गुजरे पास से

अक्स जो तेरा दिखा था रात को कल ख्वाब में
शख्स अब प्यारा लगे जो भी गुजरे पास से

रुक गए हम साँस थामे फिर उसी मुकाम पर
जिस जगह वो कल थे गुजरे पास से

इश्क़ है मुश्किल कि आसां आशिक़ों से पूछ लो
जिंदगी को रास्ता न दे जब इश्क़ गुजरे पास से

वो माँ का ही तो रूप है

दिल तो है ममता भरा, पर शौर्य का वो रूप है
तुमने पहचाना सही, वो माँ का ही तो रूप है

ख्वाहिशों की बारिशों में, जब तप रहा हो ये बदन
या जिंदगी की दौड़ में, मक़सद भुला बैठे हो तुम
वक़्त के घोड़ों को रोको, और पास बैठो माँ के तुम
है धरा सी शांत जो, वो माँ का ही तो रूप है

बन चुके हों जब महल, और दुनिया सारी घूम ली
या टूट गयी हों उम्मीदें, उस ख्वाब की जो देखा कभी
कुछ नहीं हैं फर्क इनमें, गर माँ की नज़रों से जो देखो
ममता का जो सागर समेटे, वो माँ का ही तो रूप है

फिर चली आई हैं तेरी यादें

फिर चली आई हैं तेरी यादें, मुसाफिर की तरह
सुरमयी शाम में, गुज़रते हुए परिंदो की तरह

फिर तेरी याद से, अश्कों का सबर टूट गया
दिल में जज्बात भरे थे, जो समंदर की तरह

फिर मुझे दूर किया, राह के कांटो की तरह
आज फिर दर्द चुभा, दिल में गुलाबों की तरह

जिसने जीती न हो जंग-ए-मोहब्बत भी कभी
"ज्ञान" देते हैं मुझे वो भी, सिकंदर की तरह

Congress
हैप्पी होली

गठबंधन की होली

होली का हुड़दंग मचा था, फिर कांग्रेस के दफ्तर में
एक बुलाया दो-दो आये, क्योंकि खाली थे सब दफ्तर में

राहुल भैया चमक रहे थे, पोलो की टी शर्ट में
प्रियंका दीदी साड़ी में थी, क्योंकि आयी थी वो यूपी से

आये किसान थे भेंटें लेकर, चिदंबरम भी गोभी लाये
जीजाजी भी आये तो थे, पर कांग्रेस ने दिये छिपाये

साथी जो थे सब ही आये, क्या कम्युनिस्ट क्या भाजपायी
डाल रहे थे अपना रंग वो, विरोधियों पर बढ़ चढ़ कर

राहुल भैया खुश हुये, जब लाल पड़ा कम्युनिस्टों का
जल्दी जल्दी नहा के आये, जब भगवा डाला योगी ने

हरा रंग अखिलेश ने डाला, प्रियंका जी की साडी पर
घबरा के जल्दी से ढाका, उसे राधे मां की चुनरी से

हंगामा मच गया वहाँ पर, जब पानी का नल टूट गया
अखिलेश नें लाज बचायी, और झटपट टोंटी को बदल दिया

राहुल भैया रसोई जो पहुचे, सब कोई आलू छील रहा था
सुरजेवाला भाग के आये, और आलू को फिर दिया छिपाय

खाने की थाली फिर सज गयी, छप्पन तरह के भोज थे
दीदी का माथा फिर ठनका, देख जलेबी भगवा हलवा

रसगुल्ला और संदेश नही था, कांग्रेस की थाली में
एक भाजपयी ने चुटकी ले ली, जय श्री राम दीदी कहकर

दीदी   फिर तो बिफर गयी, और निकल गयी पंडाल से
बंगाल   का   ये   अपमान, नहीं सहेगा हिन्दुस्तान

केजरीवाल जो लाइन में पहुंचे, सबसे पहले खाने को
बहिन   जी फिर कूद पड़ीं, ले दलितों के अधिकारों को

पहला निवाला   अन्नदाता, टिकैत ने हुंकार भरी
पर पहला हक तो औवेसी का है, मनमोहन जी बोल पड़े

बजे लठ्ठ हर ओर वहाँ पर, और खाना सब कोई भूल गया
राहुल ने अखिलेश को धोया, अखिलेश पड़े बुआ पर भारी

'ज्ञान' देखकर हुआ अचंभित, कलयुग के नेताओं को
तभी वहाँ पर हुआ धमाका, और मोदी शाह भी पहुंच गये

सारे नेता घबरा गये, कहीं मोदी थाली छीन ना लें
मोदी तक पहुंचे ना थाली, अब सारे नेता एक हुए

तब सिंधिया की थाली पाकर, मोदी ने हुंकार भरी
बहुत खा लिया तुम लोगों ने, अब भारत पहले खायेगा

———◆———

VOTE FOR

ज़ुबां के परदे

इक ज़ुबां के परदे में, छिपता है हर इंसां यहाँ
दुश्मनी से जल रहा तन, परदे से ढँक लेता है मन
गम की आंधी जब चली, पर्दा ज़ुबां का उड़ गया
और मुश्किलों की बारिशों में, बेआबरू इंसां यहाँ

आदमी जितना पढ़े, पर्दा ज़ुबां का भी बढ़े
है कठिन पहचानना, ग़र पढ़ गया इंसा यहाँ

कम पढ़ा ग़र आदमी, तो रिश्ता ज़ुबां का दिल से है
जुड़ गया रिश्ता ज़हन से, जब पढ़ गया इंसां यहाँ

पढ़ना अब पहचान लो, पर्दा ज़ुबां का तुम भी अब
चलता है दो रूप लेकर, आज हर इंसां यहाँ

फिर न कहना

फिर न कहना, फिर किसी से फिर मिलेंगे
फिर कहोगे फिर लगेगा, दिल फिरे हैं

जो भी गम हो पास रखना, कम लगेगा
बाँट दोगे हर किसी में, तब खलेगा

मत समझना है दुखी, कोई तेरे गम से
किसको फुरसत, कौन खाली अपने गम से

सामने जो दुःख जताते, गम में तेरे
तुम हटो, तो खुश हों सारे गम से तेरे

तेरे प्यार में कमी सी है

तेरे प्यार में कमी सी है, मेरी आँख क्यों भरी सी है
मुझे चाहना तेरी भूल थी, तुझे चाहना था जुनून मेरा

तेरे ख़्वाबों में कोई और था, मेरे ख़्वाबों में तेरा अक्स था
तुझे चाहता कोई और था, मुझे चाहता मेरा दर्द था

अभी कल ही की तो बात है, वो मेरी मज़ार पे आये थे
थोड़ा प्यार पाने की जुस्तजू, एक आंसू भी न मिल सका

ए खुदा मुझे भी एक दिन, तू मुहब्बतों से अता करे
में रहूँ तुम्हारे दिल में यूं, तेरा दिल बने मेरी धड़कनें

तेरे जख्मों की वो इनायतें, न सुना सके न दिखा सके
मुझे अपनी कुछ फिकर नहीं, तेरी आबरू का सवाल था

चाँद मेरा तू बन

प्यार   मेरा तू बन, दिलदार मेरा तू बन
उजली-उजली   रातों में, चाँद मेरा तू बन

ये प्यार का सफर,   कभी होगा न ख़तम
जीवन की इस नाव में, पतवार मेरा तू बन

ये दुनिया आनी जानी है, ये प्यार की कहानी है
प्यार के इस राज का, हमराज मेरा तू बन

जाना तो तेरे पास था, दुनिया को नामंज़ूर था
इन हिज़्र की काली रातों में, माहताब मेरा तू बन

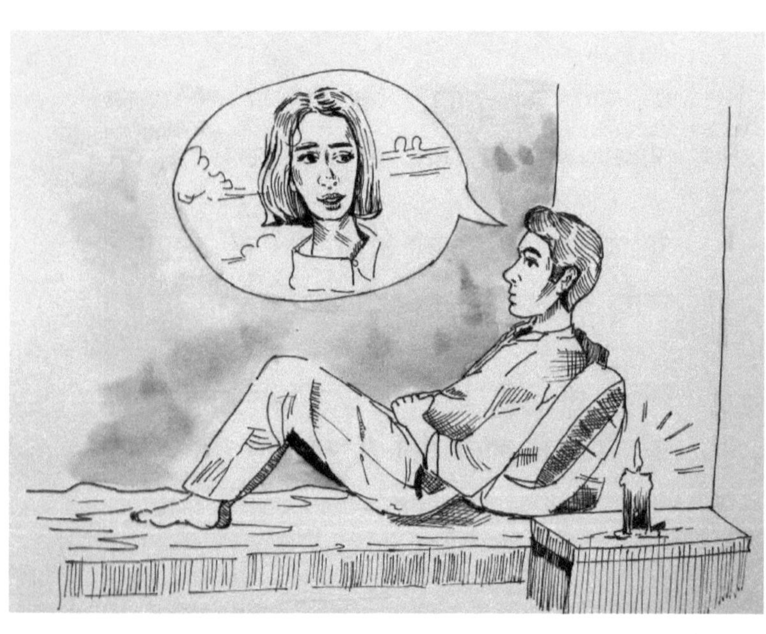

नज़रों से मुझको छुआ

ख्वाब में उसने जो आकर, नज़रों से मुझको छुआ
दिल में सिलवट पड़ गयी, ये हादसा जब से हुआ

दूर से देखो तो कम है, गम यहाँ हर शख्स का
खुद हथेली रो पड़ी, जब लहू हिना का उसने छुआ

जल तरंगे बज उठी, इस दिल में जो सहरा सा था
फिर किसी की याद ने, जब ख्वाब को मेरे छुआ

जल रहा था कब तलक से, हिज़्र की एक आग में
खुद शमा भी रो पड़ी, जब परवाने को उसने छुआ

शब्दों से करते हैं घायल

खींचते हैं रोज़ दामन, भ्रूण की करते हैं हत्या
कोख से जिनके हैं जन्में, नित शब्दों से करते हैं घायल

देवता बसते थे उसमें, नारियाँ बसती थी जिसमें
मिट गयी वो भावना क्या, भारत का गौरव थी कभी

वस्त्र कुछ ऊँचे हुए या, खुल के जो उसने हँसा
नारी की गरिमा गिराते, अज्ञानी हैं जो नर यहाँ

घर की नारी को बचाते, बाहर की नारी को सताते
दूसरी नारी भी बहना, और धर्मपत्नी है किसी की

शब्द दूषित माँ बहन पर, रखे हैं सबकी ज़ुबां पर
माँ बहन की खा लें कसमें, वो शब्द अब बोलें नहीं

कम न हो ये चाहतें

जिंदगी खुशरंग है, आपके आने के बाद
कम न हो ये चाहतें, साँस ढल जाने के बाद

आएंगे वो आज तो, दिल बड़ा बेकल सा है
कम ना हों बेचैनियाँ, रात ढल जाने के बाद

दिल जलाने की अदा, कोई सीखे आपसे
कम न हों ये शोख़ियाँ, दूर हो जाने के बाद

रौनकें हैं वज़्म में, तेरे आ जाने के बाद
कम न हों मदहोशियाँ, शाम ढल जाने के बाद

चाँद ने देखा था छिप कर

चाँद ने देखा था छिप कर, बादलों के इस तरफ
क्या कोई अब भी खड़ा है, चाँदनी के उस तरफ

आह जो निकली थी मेरी, तीर बन कर चल गई
उनके दिल तक तीर पहुंचा, पर जा ना पाया उस तरफ

हैं बहुत हमदर्द उनके, जिंदगी की भीड़ में
क्यों यकीं होता है फिर भी, आएंगे वो इस तरफ

क्यों सरल है दिल को पढ़ना, बस नज़र को देखकर
दिल जो टूटे इस तरफ, तो आँख दरिया उस तरफ

उड़ी जो तेरी जुल्फ़ें

उड़ी जो तेरी जुल्फ़ें, दीवाना दिल मेरा, अब मेरा न रहा
चुरा के नींदे मेरी, वो मेरा प्यारा सपना, अब मेरा न रहा

नज़रों में ऐसा उलझा, वो प्यार का फ़साना, अब मेरा न रहा
दुनिया के सारे बंधन, ज़माने का इंकार, अब मेरा न रहा

बाँहों में ऐसा खोया, करार-ए-दिल मेरा, वो मेरा न रहा
पूछो न मेरे दिल से, जो दीवाना हुआ तेरा, अब मेरा न रहा

ख़्वाबों में ऐसा डूबा, ये दिल-ए-नादान, अब मेरा न रहा
ये प्यार का घरौंदा, सुकून-ए-दिल मेरा, अब मेरा न रहा

एक चाँद नज़र आया है

शामें रंगीन हुईं, उनका ख्याल आया है
गम की बारिश में एक चाँद नज़र आया है

कैसे ढूँढूं मैं तुझे, दिल में मोहब्बत लेकर
जिसको देखूँ, तेरा चेहरा ही नज़र आया है

कैसे मैं कैद करूँ, दिल में मोहब्बत तेरी
लाख कोशिश है मेरी, फिर भी छलक आया है

अब न झलके हैं, वो पलकें यूं बिछड़ जाने पर
वो ज़माने की तरह, खुद को बदल आया है

CITY MALL

आपको देखकर बुत बने रह गए

आपको देखकर बुत बने रह गए

जब मिले लब सिले रह गए .. रह गए .. रह गए

मंज़िलों के करीब आ गए

फिर से यादों में क्यों आ गए .. आ गए .. आ गए

रौनकें चाँद की कम हुईं

फिर से महफ़िल में वो आ गए .. आ गए .. आ गए

उसने हँस के जो देखा मुझे

चाँद तारे जमीं पे आ गए .. आ गए .. आ गए

2
9
12
1
11
4
10
5
7
3
6
8

ज्योतिष है विज्ञान विहंगम

ज्योतिष है विज्ञान विहंगम, ज्ञान ये वेद से निकला है
पर देख के इसका गिरता मान, अश्रु सहज ही निकला है

एक समय था ज्योतिष का, सकल जगत सम्मान था
पूजे जाते थे ज्योतिषी, और वैदिक विद्या का सम्मान था
कर दी हमने बहुत मिलावट, और विद्या को अपभ्रंश किया
बहुत कठिन है अब ये मानना, ये ज्ञान उसी वेद से निकला है

कर्मों का फल और ग्रहों का न्याय, सबको सहना पड़ता है
राम प्रभु तक बच न पाए, ग्रहों के दंड विधान से
कुछ ज्योतिष अब कहने लगे ये, वो ग्रह की चाल बदल देंगे
मूलभूत सिद्धांत वो भूले, तभी पतन का रास्ता निकला है

यही समय है अब भी जागो, और ज्योतिष का सम्मान करो
ज्योतिष की सीमाएं समझो, ज्योतिष विद्या नहीं है जादू
ज्योतिष केवल समय बताये, किस ग्रह का फल कब तक है
ज्योतिष का मंथन करने पर, सार यही बस निकला है

हाथ जोड़ कर विनती है, भारत की सरकार से
आयुर्वेद, योग और ज्योतिष वेदों के ही अंग है
दो को पकड़ा एक को छोड़ा, ज्योतिष से अन्याय है
कृपा-दृष्टि ज्योतिष पर भी हो, हृदय से स्वर ये निकला है

यादों में बरस जाते हैं

तुम   कहो आज हम यादों   में बरस जाते हैं
या   कहो   आँख   में बूंदों सा छलक जाते हैं

दिल के   जज़्बात   सम्हालो   यूहीं पलकों पर
ऐसे   सैलाबों   से घर   बार   उजड़   जाते हैं

यादों के मोती   से एक   गीत   बनाया   हमने
गीत कुछ   याद न दिलाये   तो बिखर जाते हैं

है कठिन यादों के सागर का सामना दिल में
हाथ   में रेत   सा   आकर भी फिसल जाते हैं

शाम ढलती जा रही है

लौट आओ ख्वाब में फिर शाम ढलती जा रही है
वक़्त के माथे पे फिर से एक खुमारी छा रही है

यादों की दहलीज पर   मिल के बैठेंगे कहीं
वक़्त के इस आईने पर धूल चढ़ती जा रही है

कुछ कदम हम भी चलें और कुछ कदम यादें चलें
इश्क़ की   चिंगारियाँ फिर   मचलती जा रही हैं

फिर ये कहना फिर मिलेंगे याद तेरा आ रहा है
आज फिर पलकें न मूंदी ये रात ढली जा रही है

मेरा दिल तेरी कलम

जिस   कलम   से   वो रूहानी सी ग़ज़ल लिखता है
दिल   से   मेरे   ही   बनी फिर   भी मुझे लिखता है

मेरा   दिल   तेरी   कलम   तू   रोज़ तराशे है जिसे
दिल   के   टुकड़े वो करे फिर   भी   मुझे लिखता है

दिल भी भर जाये जो अपनी ही लिखावट से कभी
फिर   कलम   छील   के दोबारा से मुझे लिखता है

खुशनसीब   मेरा   दिल   है   कलम   तेरे   हाथों में
अश्क   में   मेरे   डूबा   कर   भी   मुझे   लिखता है

मेरी ग़ज़लें
मेरे कुछ गीत

मेरी गज़लें मेरे गीत

मेरी   गज़लें   मेरे गीत, सच्चाई के   बड़े करीब
हृदय   से कागज़ पर उतरी हैं, जीवन के हैं ये बड़े करीब

आँखों   से जो कुछ गुज़रा है, भावों में बह कर निकला है
शब्दों में उसे पिरोया है, दिल   के जो है बड़े करीब

नया   कवि हूँ, नया हूँ शायर, नहीं पढ़ी हैं बहुत किताबें
संवेदनशील हैं मेरी कृतियाँ, जो मानव दिल के बड़े करीब

नहीं   कही कोई दूर की बातें, नहीं कही परियों की बातें
तेरी मेरी बातें हैं सब, जो जीवन के हैं बड़े करीब

संवेदनशील ये मन है मेरा, सहज अश्रु बह जाते हैं
अश्रु की स्याही से वो लिखता, जो सच्चाई के बड़े करीब

www.ingramcontent.com/pod-product-compliance
Lightning Source LLC
Chambersburg PA
CBHW031303130726
47988CB00007B/2701